AF285086

Frank Weber
123 Gute Vorsätze
Auf eine Gutes Neues

Frank Weber

123 Gute Vorsätze

Auf ein Gutes Neues

1.Aufl.
In kleinen Schritten
Bibliografische Information der Deutschen Nationalbibliothek:
Die Deutsche Nationalbibliothek verzeichnet diese Publikation in der
Deutschen Nationalbibliografie; detaillierte bibliografische Daten sind im
Internet abrufbar über http://dnb.dnb.de
© 2022 Frank Weber
ISBN: 9783756275083
Herstellung und Verlag: BoD – Books on Demand, Norderstedt

Inhalt - chronologisch

Eine Bemerkung vorweg:

Alle Jahre wieder
kommt das Christuskind
auf die Erde nieder,
wo wir Menschen sind. –

Aber ist das denn nicht ein altes Weihnachtslied? - Ja, ist es.

Und was bitte hat ein Weihnachtslied mit Guten Vorsätzen fürs Neue Jahr zu tun?

Zugegeben, eigentlich haben Weihnachtslieder recht wenig mit Guten Vorsätzen für den kommenden Jahreswechsel zu tun, außer dass die Guten Vorsätze genau eine Woche nach dem Heiligen Abend aktuell werden. Alle Jahre wieder …

Am 31. Dezember feiern wir Sylvester, den letzten Tag und Abschluss des alten Jahres. - Wir prosten uns nach mehr oder minder gelungenem Festmahle zu, sprechen einander die allerbesten Wünsche fürs kommende Jahr aus und versichern uns gegenseitig, ein besserer Mensch zu sein:

Im neuen Jahr wollen wir nicht mehr rauchen, weniger mit dem Auto fahren, endlich die lange geplante Diät machen, mehr unternehmen mit der Familie und so vieles mehr.
Ach ja, und nicht nur der Zahnarzt freut sich vielleicht mal über ein Wiedersehen.

Jede der anwesenden Personen wird vortragen können, was im nächsten Jahr ganz anders und viel besser wird ...
oder werden soll.

Aber nächstes Jahr kommt später. Morgen.
Außerdem ist Neujahr gesetzlicher Feiertag.
Also nichts überstürzen.
Lauter gute Vorsätze …

Nicht nur zur Sommerzeit,
nein, auch im Winter, wenn es schneit.

Ein kleiner Zaubertrick:

123 gute Vorsätze …

Und gleich für ein ganzes Jahr?!
Da kann einem ganz schön anders werden.
Das neue Jahr, dieser noch vor uns liegende Zeitraum, eine dunkle, unbekannte Zukunft, 365 Tage, von denen wir noch nicht wissen, was werden wird.
Und wir fassen jetzt neue gute Vorsätze ohne zu wissen, was die kommenden, langen 12 Monate bringen.

Wenn Sie irgendetwas in ihrem Leben ändern wollen, sich selbst in welchen Belangen auch immer verbessern wollen, wenn Sie etwas Neues einüben, sich etwas Anderes, etwas Altes abgewöhnen wollen, dann kann die kommende lange und unbekannte Zeit der Veränderung schon bange machen.

Dann verkleinern Sie doch einfach den Zeitraum; sagen Sie einfach: „Nur heute"!
‚Nur heute' werde ich dies oder jenes Neue tun
‚Nur heute' probiere ich aus und schaue, wie es mir geht; oder: Ich werde ‚nur heute' auf etwas Altes verzichten, was weg kann, z.B. Rauchen, Alkohol, Süßkram etc.
Wenn es mir gelingt, dann probiere ich`s morgen wieder ‚nur heute'. Und dann wieder. Solange, bis es für mich zur Gewohnheit wird.
Sollte es einmal nicht gelingen, dann ist das kein Beinbruch, sondern vielmehr für mich ein Grund, es morgen trotzdem und gerade deshalb noch einmal zu probieren, „nur heute".
Solange, bis es funktioniert.

1. Das Rauchen aufgeben!

Der Klassiker schlechthin: „Ganz sicher, am Jahres-ende, an Sylvester, Punkt Null Uhr ist Schluss. Dann ist endgültig Schluss mit Rauchen. Ich fasse dann nie wieder eine Zigarette an. Ich werde Nichtraucher. Ganz sicher! - Ist mir total ernst! - Ehrlich!"

Gründe gibt es sicher viele, die alte Gewohnheit des Rauchens aufzugeben und rauchfrei zu werden:
- Die Klamotten stinken, die Wohnung auch,
- Rauchen kostet Unsummen an Geld, das im wahrsten Sinne des Wortes verbrannt wird.
- Rauchen schadet der Gesundheit,
- Der Husten wird immer schlimmer,
- Auch Passivrauche ist gefährlich - für alle! - insbesondere für Kinder,
- ‚Light'-Zigaretten sind – wie ‚Lightprodukte' generell - keineswegs ungefährlicher,
- Raucher werden zunehmend stigmatisiert (Warum wohl?)
- Und vieles mehr.

Es gibt viele Regalmeter an Büchern zum Thema im Buchhandel und anderswo auch viele Angebote zur Unterstützung. Aber manche winken ab, rauchen aus Gewohnheit weiter, andere haben's schon viele Male geschafft und wieder angefangen ... Und Sie?

Ich gebe das Rauchen auf am: _ _ · _ _ · _ _ _ _

_ _ · _ _ · _ _ _ _   _ _ _ _ _ _ _ _ _ _ _ _ _
Datum   Unterschrift

2. Auf Alkohol verzichten?

Auch so ein Klassiker. Zweifellos ist der eigene Entschluss, weniger zu trinken, künftig zumindest zeitweise auf den Alkohol zu verzichten, besser als die wohlmeinende Ansprache: „Brauchst Du Hilfe? Möchtest Du mal mit jemandem reden? Hast Du etwa Probleme?" – Autsch!!

Auch wenn Alkohol – in Maßen - durchaus gesundheitsfördernde Wirkung nachgesagt wird, so ist er doch wie Nikotin ein Giftstoff, mit dem wir uns bei längerem Genuss sehr schweren Schaden sowohl am Körper als auch an der Seele zufügen.

Diese Stoffe verursachen binnen kurzer Zeit körperliche und seelische Abhängigkeiten; sie erzeugen ein (vermeintliches) Wohlgefühl und den Wunsch nach mehr, richten aber Schäden an, die weit größer sind, als wir überblicken können und uns eingestehen.

Es ist in Ordnung, sich Unterstützung im eigenen Umfeld zu suchen; ebenso ist es ok, wenn Sie das Problem eben nicht an die große Glocke hängen und stattdessen diskret behandeln.

Hilfreich ist eine klare Regelung, wie z.B.: am Wochenende darf Alkohol in Maßen sein, an den Werktagen ist der Sprit tabu.

Bei Gesundheits- oder Figurproblemen, bei Diäten oder Medikamenteneinnahme ist Alkohol sowieso kontraproduktiv.

Oder Sie lassen den Alkohol einfach mal so weg.

3. Sport treiben, mäßig und regelmäßig.

Aller guten Dinge sind drei? – Hier kommt noch ein Klassiker: „Ab sofort wird Sport gemacht!"
Auch hier gibt es gute Gründe. Und dazu auch sicher ebenso gute Möglichkeiten.

- Ist in Wohnortnähe ein Schwimmbad oder ein Fitnessstudio erreichbar?
- Gibt es Möglichkeiten für die Teilnahme an Kursen (z.B. in Vereinen)
- Oder gibt es ein gutausgebautes Wegenetz, wo Fahrradfahren, Joggen oder Wandern möglich ist?

Sprechen Sie vorher mit Ihrem Arzt, welche Sportarten in Frage kommen, je nachdem, ob Sie vorher Sport getrieben hast oder nicht, ob Sie übergewichtig sind, Vorerkrankungen haben oder anderes mehr..
Brauchen Sie feste Termine? Dann legen Sie fest, zu welcher Zeit und an welchem Wochentag Sie Ihrem neuen sportlichen Hobby nachgehen wollen.
Haben Sie Freunde, mit denen Sie neue Sportarten testen und später auch gemeinsam in der Gruppe betreiben können?
Mit mehreren fällt es oft leichter, Termine auch einzuhalten, Ausreden fallen nicht so leicht, Sie können sich gegenseitig motivieren und Erfolge feiern.
Schrauben Sie Ihre Erwartungen oder Ziele nicht zu hoch, sondern versuchen Sie, einen oder wenige Termine mit geringeren Erwartungen zur Gewohnheit werden zu lassen. – Mehr geht dann immer noch.

4. Nehmen Sie an Läufen teil

Wenn Sie sich für Laufveranstaltungen anmelden und dort auch erfolgreich teilnehmen wollen, wird dies ein großes Maß an Vorbereitung erfordern, sowohl was das tägliche Lauftraining betrifft, als auch eine Umstellung Ihrer Ernährung und eine Anpassung Ihrer gesamten Lebensweise, was Ihrer Gesundheit sehr zugute kommen wird.

Tragen Sie dann erstmal das Shirt als Teilnehmer und Finisher der Laufveranstaltung, vielleicht sogar eines Marathons, sind Ihnen Anerkennung und Respekt Ihrer Mitmenschen sicher, und Sie können stolz auf sich sein.

5. Bauen sie Muskeln auf

Haben Sie auch schon öfter vor einem Fitnessstudio gestanden und sich gewundert, was all die mehr oder weniger sportlich aussehenden Menschen da drin wohl machen?

Dann gehen Sie einfach mal hinein, melden sich für ein Probetraining an und lassen sich einen Trainingsplan zusammenstellen. Den können Sie später immer noch je nach Ihren persönlichen Zielen anpassen.

Trainieren Sie regelmäßig nach Ihrem Trainingsplan, halten Sie Ihre Termine und Trainingszeiten ein, fragen Sie rechtzeitig Ihren Trainer, wenn's mal klemmt und notieren und kontrollieren Sie Ihre Ergebnisse und Ihren Trainingsfortschritt.

6. Bewegung im Alltag

Wir Menschen sind dafür geschaffen, täglich mehrere Kilometer zu gehen. Unsere frühen Vorfahren waren permanent in Bewegung: Entweder sie suchten nach essbaren Pflanzen, sie jagten nach Fleisch, sie brachten sich vor Gefahren in Sicherheit.

Das ist in der modernen Zeit anders: Wir sitzen im Auto, im Büro, vor Bildschirmen, im Kino, in Kirche oder Kneipe und bewegen uns nicht von der Stelle.

Laut neuesten Erkenntnissen sollten wir Menschen uns jeden Tag etwa 30 Minuten am Stück bewegen, dreimal je Woche etwa 20 Minuten unser Herz-Kreislaufsystem beanspruchen und täglich 2 Liter Wasser trinken.

Bei jeder Bewegung aktivieren wir unsere Muskeln, der Körper wird mit Sauerstoff und Nährstoffen versorgt und kann sich hinterher regenerieren. Dadurch verbessern sich auch Abwehrkräfte und Gesundheit.

Um uns zu bewegen, verlassen wir unseren Sitzplatz und damit sprichwörtlich auch unseren Standpunkt. Damit verändert sich unsere Sichtweise, und unsere Wahrnehmung. Auch Balance und Koordination sind gefordert und werden trainiert.

Wenn wir uns bewegen, z.B. beim Gehen, kommen wie ganz nebenbei die meisten und die besten Ideen.

Nachfolgend ein paar Beispiele für mehr Bewegung im Alltag:

- Fahrradfahren, das Auto stehen lassen,
- Kleine Besorgungen zu Fuß erledigen,
- Zu Fuß gehen, sooft und soweit wie möglich,
- Vor der Arbeit eine Runde spazieren gehen,
- Zügig gehen, auch in der Mittagspause,
- Auf eine gesunde Körperhaltung achten,
- Bei Wartezeiten Muskelpartien anspannen und wieder lockerlassen,
- Gelegentlich aufstehen und strecken,
- Telefonieren im Stehen, oder dabei gehen,
- In Bus oder Bahn stehen, das trainiert Gleichgewichtssinn und Koordination,
- Ein Haltestelle früher aussteigen und den Rest zu Fuß gehen,
- Auf dem Parkplatz nicht vor der Tür parken, sondern ein paar Schritte laufen,
- Statt auf den Aufzug warten, Treppen laufen,
- Hausarbeit wie Staubwischen, saugen, Reinemachen ist auch Bewegung,
- Gemüseschnippeln für die Feinmotorik,
- Vor der Spülmaschine tief die Knie beugen,
- In der Küche zur Lieblingsmusik tanzen, beim Spülen, Kochen, Aufräumen oder ähnl.,
- Auch Gartenarbeit ist Bewegung,
- Mit dem Hund (von Nachbars) Gassi gehen,
- Statt zu Kaffee und Kuchen zum Wandern oder Spazierengehen verabreden,
- Auf einem Bein stehend hin und wieder den Gleichgewichtssinn trainieren
- Einmal wieder ins Schwimmbad gehen.

7. Mehr körperlicher Aktivität

Körperliche Aktivitäten können natürlich die im vorigen Kapitel aufgeführten sportlichen Aktivitäten sein.

Aktuell werden wir gefangen genommen durch die Allgegenwart der Medien, die ständig unsere Aufmerksamkeit einfordern.

Alternative körperlichen Aktivitäten könnten sein:
- Mitgliedschaft und Besuch im Fitnessstudio,
- Die Jogging- oder Radrunde,
- Der (tägliche?) Spaziergang, durch Feld und Flur, durch den Wald, durchs Wohnviertel,
- Der Schwimmbadbesuch,
- Die Yogastunde,

oder auch
- Handwerkliche Tätigkeiten,
- Arbeit im eigenen Garten,
- Hobbies
- Tanz, Musik, Kultur u.a.

Es muss nicht gleich ein großes Event sein, sondern einfach „runter vom Sofa", etwas unternehmen und Leben im Wortsinne erleben statt als Zuschauer vor einem Bildschirm passiv konsumieren und grübeln.

Ein moderater Anfang mit unangestrengten, wenigen, aber konsequenten Einheiten macht Erfolgserlebnisse möglich und motiviert zum Weitermachen.

Leistung oder große Ergebnisse sind dabei weniger wichtig als das Aktivsein und Erleben, gerne auch in Gemeinschaft, das Machen und Tun.

8. Frische Luft muss sein!

Sie haben keine sportlichen Ambitionen? Ist Okay.
Gehen Sie trotzdem mal wieder raus aus dem Haus.
Atmen Sie wieder ganz bewusst frische Luft.

Der Aufenthalt draußen in frischer Luft, „in der Natur" kann erwiesenermaßen die Laune verbessern, Stress abbauen, sich sogar auf das Immunsystem und die Gesundheit sehr positiv auswirken.

Gehen Sie einfach mal wieder um den Häuserblock oder nur auf den Balkon, und verbrinden Sie ein paar Minuten draußen an der Luft.

Ihr Umfeld eignet sich nicht so recht dazu? Das ist doch kein Problem. Fahren sie mit Rad, Auto oder öffentlichen Verkehrsmitteln zu einem Ausflugsziel, einer Flussaue, zum Park oder in eine nahegelegene schöne Gegend, wo sie die frische Luft und Natur genießen können, wo Sie gerne draußen sein mögen.

Machen sie seit langem mal wieder einen Bummel durch Einkaufs- oder Fußgängerzone. Setzen Sie sich vor ein Café, lassen sich einen Kaffee bringen und beobachten Sie Menschen.

Treffen Sie Bekannte um sich auszutauschen, und lassen Sie sich den Wind um die Nase wehen oder spüren Sie die Sonne auf der Haut.

Ein Aufenthalt in der Natur an der frischen Luft kann Entspannung und vielleicht auch Wunder bewirken, ermöglicht ganz neue An- und Einsichten und bringt uns auf andere Gedanken.

Probieren Sie`s einfach mal aus.

9. Vorsicht bei Selbstkritik

Selbstbeobachtung und -reflexion haben zweifellos ihr Gutes. Auch Selbstkritik ist wichtig; wenn wir uns beobachten und mit anderen Menschen vergleichen. Habe ich angemessen reagiert? War ich aufmerksam genug? Habe ich etwas überreagiert oder hätte ich hier und da etwas sorgfältiger und achtsamer sein können? Wenn wir unser Verhalten reflektieren, hilft uns ein gesundes Maß an Selbstkritik, Fehler zu erkennen, aus diesen zu lernen und uns zukünftig angemessen zu verhalten. Doch sollten diese Selbstkritiken nicht allzu streng werden, sie könnten sonst unser Wohlbefinden stören. Wenn die Selbstkritik sich versteigt in Anklage und Verurteilung, wenn sie Selbstzweifel oder Selbstsabotage hervorruft, schaden wir uns nur selbst. Nehmen Sie zukünftig Selbstkritik, und sei sie noch so berechtigt, als Möglichkeit zur Verbesserung und zum Wachstum.

Alle unsere Mitmenschen, Freunde, Familie, nehmen uns so, wie wir sind. Dann können wir das doch auch tun.

Auch unser Körper ist in Ordnung, so, wie er ist. Wir haben ihn, und damit uns selbst(!) bisher ernährt und gepflegt. Er, unser Körper, hat uns bisher getragen. Wenn wir uns im Spiegel betrachten erinnern wir uns, was wir erlebt haben, welche Leistungen wir und unser Körper gebracht haben und unter welchen Bedingungen. Und wir erinnern uns, dass wir noch ein paar Jahre miteinander aushalten wollen und üben uns dann in Nachsicht … und ein wenig Eigenliebe.

10. Das Thema Abnehmen und Diät halten

Abnehmen ist auch so ein Klassiker, noch ein weiterer in der Reihe der Guten Vorsätze.

Wir dürfen es als erwiesen ansehen, daß die meisten Diäten sowieso schiefgehen. Nach ein bis zwei Jahren sind die Kandidat*innen beim ursprünglichen Übergewicht oder darüber hinaus, wie Forschungen und Beobachtungen über und von Diätmaßnahmen gezeigt haben.

Statt immer neuer Abnehmkuren, Crashdiäten und ähnlichem suchen Sie nach Ernährungsberatung, und beginnen Sie, eine gesündere Lebensweise zu lernen und beizubehalten.

Unerschöpflicher Nahrungsvorrat aus Kühlschrank und Ladenregalen ist recht neu in der Geschichte der Menschheit, so daß sich unser Stoffwechsel, der aus vergangener Zeit eher Mangelwirtschaft gewohnt ist, nicht an die neuen Lebensumstände angepasst hat.

Wir müssen heute keine Lebensmittel mehr selber anbauen, überhaupt nicht mehr körperlich arbeiten. Statt selbst zu kochen, ernähren wir uns oft von Fast food, Fertignahrung und Süßkram, von künstlichen und alkoholischen Getränken ganz zu schweigen.

Trotz aller Body Positivity haben unsere paar Pfunde zuviel nicht nur positive Auswirkungen auf unser Wohlbefinden sondern auch negative Einflüsse auf unsere Gesundheit.

Daher bemühen wir uns zukünftig um eine gesunde Diät - im griechischen Wortsinne „Lebensweise" - und eine gesunde Ernährung.

11. Abnehmen

Sollte doch der Gute Vorsatz „Abnehmen" aktuell werden, drehen Sie an vielen kleinen Stellschrauben und stellen Ihre Ernährung ein wenig um – täglich und ein kleines bisschen. Suchen Sie sich kleine Dinge, die Ihnen kleine Erfolge bringen und dabei nicht allzu weh tun, so zum Beispiel:

- Trinken Sie! Trinken Sie Wasser, etwa 2 Liter am Tag; ob spritzig, medium oder still,
- Trinken Sie Tee oder Kaffee/Espresso, aber ohne Milch und ohne Zucker.
- Reduzieren Sie Alkohol auf ein Minimum (wenig und nicht jeden Tag).
- Verzichten Sie auf Zucker und Süßstoffe.
- Lassen Sie Süßkram/Knabberei generell weg, dafür umso mehr Obst und Gemüse.
- Verzichten Sie auf Light-Produkte.
- Essen Sie langsam und bewusst.
- Kauen Sie jeden Bissen, am besten 20-25 mal.
- Und essen Sie mäßig, aber regelmäßig.
- Einmal am Tag essen Sie sich satt mit dem, was sie gerne mögen.
- Verzichten Sie auf „Snacks" und belassen Sie's bei 2-3 Hauptmahlzeiten.
- Verzichten Sie mal auf eine Mahlzeit und versuchen Intervallfasten.
- Schlafen Sie gut, mind. 6 Stunden pro Nacht, vermeiden Sie Schlafmangel unbedingt.
- Führen Sie ein Ernährungsprotokoll,, um zu sehen, was Sie täglich zu sich nehmen.

12. Fast Food wird gestrichen

Ab sofort ist Fast Food vom Speisezettel gestrichen, weil wir uns in Zukunft gesünder ernähren wollen.

Aus reiner Bequemlichkeit greifen wir bisher immer wieder zurück auf Fertiggerichte, die von Fast-Food-Ketten und Nahrungsmittelindustrie massenhaft hergestellt werden, extraschmackhaft zubereitet, bunt verpackt und zum Sonderpreis angeboten.

Nur leider wird Fast Food in Verbindung gebracht mit Übergewicht und schlechter Ernährungsqualität sowie mit einem hohen Krankheitsrisiko, speziell für Diabetes und Herzkrankheiten.

13. Zielgewicht erreichen und halten

Setzen Sie sich ein Ziel, dass Sie erreichen wollen.

Dies kann ein Ideal- oder Traumgewicht sein, das Sie (wieder) erreichen wollen, ein Wohlfühlgewicht, das Sie gerne erreichen und dann halten wollen. Oder eine neue Konfektionsgröße – für die neue Jeans.

Dabei sollten Sie selbst fest davon überzeugt sein, daß Sie dieses Ziel auch erreichen *können*.

Setzen Sie sich ein realistisches Ziel mit dem Sie sich wohlfühlen, holen Sie sich Unterstützung, eventuell durch Ernährungsberatung und vermeiden Sie den Jojo-Effekt.

Datum: _ _ _ _ _ _   Mein Ziel in kg: _ _ _ _ _ _

Unterschrift: _

14. Gesund und ausgewogen ernähren

Gesunde Ernährung ist angesagt, eine neue, gesunde Lebensweise – im griechischen Wortsinne: „Diät".

Anstelle von Fast Food und Fertigpizza treten Selbstgekochtes, vor allem mit naturbelassenen Lebensmitteln wie Fisch, Gemüse, Nüsse, Obst, Samen und Vollkornprodukten, neudeutsch auch: Slow Food!

Tiefgekühltes Gemüse ist erlaubt - frisch zubereitet. Fertige Gerichte, die nur noch aufgewärmt werden müssen sowie stark verarbeitete Lebensmittel mit langen Zutatenlisten sind tabu, ebenso Süßigkeiten und Getränke, die Alkohol enthalten.

Eine abwechslungsreiche, ausgewogene Ernährung ist zudem eine wirksame Maßnahme, Krankheiten wie Adipositas, Bluthochdruck, Diabetes und Herzerkrankungen vorzubeugen sowie Risikofaktoren zu verringern.

Außerdem dürfte eine ausgewogene, abwechslungsreiche Ernährung leichter durchzuhalten sein als immer wieder neue Diäten.

15. Kochen Sie selbst

Und kochen werden Sie ab sofort frisch und selbst. Beginnen Sie mit einfachen Gerichten, besorgen sich ein paar leckere Rezepte und die nötigen Utensilien. Und dann fangen Sie an und kochen Ihr Essen selber, auch alles, was Sie für Ihre Pausen mitnehmen. Sie leben dadurch besser, billiger und gesünder.

16. Fleisch essen?

Essen Sie weniger Fleisch. Nicht nur, weil die Tiere bei Haltung, Transport und Schlachtung Leiden erdulden müssen, nicht nur weil Nutztierhaltung viele Ressourcen verbraucht, sondern weil es gesünder ist, ab und zu auf Fleisch zu verzichten.

Es war auch für unsere Vorfahren längst nicht selbstverständlich, sich von Fleisch zu ernähren. Standard war eher vegetarische, wenn nicht sogar vegane Kost.

Fragen Sie Ihre Groß- oder Urgroßeltern, erfragen Sie bei Vorgängergenerationen, soweit diese noch leben, was vor sechzig oder siebzig Jahren zu Mittag oder zu Abend auf den Tischen stand.

Fleisch dürfte da eher die Ausnahme gewesen sein. Ein oder zwei fleischlose Tage pro Woche wären heute schon ein guter Anfang.

17. Mehr Rohkost, Obst und Gemüse

„An apple the day keeps the doctor away."
Ein Apfel am Tag oder die tägliche Portion Obst kann für Gesundheit und Immunsystem viel Gutes wirken.

Obst und Gemüse gehören zu einer gesunden und ausgewogenen Ernährung einfach dazu. Rohkost hilft uns dabei, Risikofaktoren für Krankheit zu verringern und gesünder zu leben.

Im Übrigen können heimische Obst- und Gemüsesorten mit exotischen Superfoods sehr gut mithalten.

18. Vegetarisch oder vegan leben

Es gibt zahlreiche Bücher mit Rezepten für vegane oder vegetarische Ernährung, aus denen Sie sich Rezepte für Ihr Lebens- und Ernährungsumstellung besorgen können. Fleischlose oder vegane Ernährung ist heute gut möglich unter Verwendung von frischen Früchten, Gemüse, Obst und Samen.

Probieren Sie's aus. Und wenn Ihnen Ihre Ernährung zu sehr eingeschränkt vorkommt, können Sie selbige immer noch auf Flexitarier/Pescetarier erweitern.

19. Verzicht auf Snacks und Süßkram

Und wenn wir schon bei gesunder Ernährung sind, dann könnten wir doch für die nächste Zeit mal auf Süßkram und Snacks verzichten.

Vermeiden Sie Zwischenmahlzeiten, bei denen Sie sowieso mehr Kalorien zu sich nehmen als geplant.

Zum Stressabbau -„Ich brauch das jetzt."- oder mal eben zwischendurch -„Man gönnt sich ja sonst nix."– belasten wir unseren Körper mit viel zu vielen unnötigen (und ungesunden) Kalorien.

Durch den Zucker geht der Insulinspiegel hoch; das Insulin stoppt die Fettverbrennung, macht uns müde und macht neuen Appetit auf noch mehr … Süßes.

Und Geld kostet's auch.

Ein Verzicht auf Snacks und Süßkram ist also förderlich für die gesunde Ernährung, für die Waage und für den Geldbeutel. - Warum als nicht?

20. Trinken, aber richtig

Trinken Sie. Und trinken Sie genug, und zwar Wasser, ob Sprudel, Medium, Still oder ungesüßten Tee. Auch schwarzer Kaffee oder Espresso ist drin. Ohne Milch! Vermeiden Sie möglichst zuckerhaltige od. gesüßte Getränke, Milch oder Energydrinks.
So sparen Sie viele unnötig Kalorien - und Geld.
Trinken Sie pro Tag etwa 2 – 3 Liter Wasser, gerne in kleineren Portionen. Und trinken Sie vor dem Essen, das füllt den Magen etwas.
Ausreichendes Trinken kommt Ihrer Leistungsfähigkeit und Fitness, Ihrer Verdauung, kurzum Ihrer Gesundheit sehr zugute.

21. Verzicht auf gesüßte Getränke

Zuckerhaltige und gesüßte Getränke werden in Verbindung gebracht mit erhöhten Risiken für sehr unangenehme, aber vermeidbare Erkrankungen wie Adipositas und Übergewicht, Diabetes sowie Herz- und Zahnproblemen.
Der Genuss von Zucker und Süßungsmitteln lässt den Insulinspiegel steigen; das wiederum macht müde und erzeugt noch mehr „Durst" und Appetit.
(Siehe oben)
Ein Verzicht auf gesüßte Getränke scheint demnach ebenso angebracht wie der Verzicht auf Snacks und Süßigkeiten; vielleicht nicht unbedingt als Schocktherapie, sondern nach und nach, aber konsequent.

22. Einkaufen, aber regelmäßig

Gehen Sie regelmäßig einkaufen und füllen Sie Kühlschrank und Vorratskammer mit gesunden Zutaten für Ihre gesunde Ernährung und für Ihren Haushalt. Probieren Sie und finden Sie die Geschäfte und Märkte, wo sie Ihre Lebensmittel finden und kaufen können. Und vergleichen Sie die Preise, um die Geldbörse zu entlasten.
Legen Sie sich einen Tag fest, an dem Sie einkaufen auf dem Wochenmarkt, beim Bäcker, beim Metzger, im Supermarkt.

23. Zeitgemäß und plastikfrei einkaufen?

Wenn Sie schon gesund leben wollen, wenn Sie unsere Ernährung umstellen, mehr Bewegung, oder was auch immer besser machen im Leben, für Ernährung und Gesundheit, achten Sie auch auf die Verpackung.
Unserer Gesundheit und der Umwelt nützt es sehr, wenn wir auf Plastik verzichten und Müll vermeiden. Es gibt heutzutage gute Möglichkeiten, Haushalts- und Lebensmittel verpackungsfrei einzukaufen, auch wenn das den Einkauf nicht einfacher macht.
Lagern Sie Lebensmittel in plastikfreien Behältern. Achten Sie bei Produkten für Waschen und Sauberkeit, Reinigung, Kosmetik und Körperpflege auf natürliche Ausgangsstoffe.
Dadurch können Sie vermeiden, mit Ihrer Ernährung oder auf andere Weise Mikroplastik aufzunehmen und Ihrer Gesundheit Schaden zuzufügen.

24. Schlafen Sie gut ... und genug

Und der Wecker hat schon wieder zu früh geklingelt. Dabei hatten Sie doch gehofft, ausgeschlafen zu haben, aber stattdessen ging es gestern Abend doch wieder länger, weil die Gäste einfach nicht gehen wollten, die Sportübertragung kein Ende nahm oder das dicke Buch einfach zu spannend war um es aus der Hand zu legen.

Aus welchen Gründen auch immer, Sie haben den Weg ins Bett wieder mal nicht gefunden und morgens folgte dann der Katzenjammer, als der Wecker tat, wofür er da ist - er klingelte. Und wie!

Unser neuer Vorsatz: Wir gehen früher zu Bett, damit wir morgens ausgeschlafen sind, naja, einigermaßen, wenigstens.

Rechnen Sie, wenn Sie Ihren Wecker stellen, ausreichend zurück, damit Sie mindestens 6 – 7 Stunden Schlaf bekommen und gehen Sie dann auch zeitig zu Bett. Oder Sie nehmen sich für die Zukunft generell eine feste Schlafenszeit vor.

Vermeiden Sie Schlafmangel. Ihr Körper wird es Ihnen danken, wenn Sie ihm zukünftig genügend Schlaf gönnen; Sie sind fit, leistungsfähig und gut gelaunt, wenn Sie ausgeschlafen sind; Sie haben mehr vom Tag und können sich einfacher und besser konzentrieren.

Schlafmangel kann das Risiko von Gewichtszunahme, Depressionen und Herzkrankheiten erhöhen.

Sorgen Sie für Ruhe und Dunkelheit im Schlafzimmer, legen Sie sich ein Einschlafritual zu und dann:

Schlafen Sie gut.

25. Auf den Körper und sich selber achten

Nach den Guten Vorsätzen der vorherigen Seiten hier noch etwas, was wir gerne übersehen: Achten Sie auf Ihren Körper, achten Sie auf sich selbst und Ihre Gesundheit, sorgen Sie für Bewegung und für eine gesunde Ernährung, schaffen Sie sich einen Lebensinhalt über die tägliche Arbeit hinaus, sorgen Sie für Perspektive, Sinn und gute Laune in ihrem Leben.
Über Glück reden wir dann später.
Und gönnen Sie sich eine Auszeit oder nehmen sich einfach nur ein bisschen mehr Zeit z.B. für ein ausgiebiges Bad, für Körperpflege, Haut- und Zahnpflege und was Ihnen sonst noch gut tut.
Was Ihnen und Ihrem Körper nicht so gut tut, kann dann mal weg.

26. Arztbesuche einplanen

Wann haben Sie eigentlich zum letzten Mal eine Haus- oder Facharztpraxis betreten. Oder gehen Sie, wenn's weh tut, wenn gar nichts mehr geht?
Im eigenen Interesse gehen Sie mindestens einmal im Jahr zum Haus- oder Zahnarzt und lassen nachschauen, ob alles in Ordnung ist.
Eine frühzeitige Erkennung und Behandlung erhöht die Heilungschancen ungemein, bevor es zu ernsthaften Problemen kommt.
Wenn z.B. der Zahnarzt rechtzeitig bohrt, ist das weniger schmerzhaft und günstiger als Zahnersatz.

27. Apropos: Zahnpflege

Wenn wir etwas essen oder trinken, tun wir das mit dem Mund. Alles, was wir unserem Körper zuführen, nehmen wir über den Mund auf (auch die Atemluft). Dabei kommt es auf und zwischen unseren Zähnen zu Verunreinigungen, die, wenn sie nicht zeitig entfernt werden, Zahn- oder Munderkrankungen oder auch ‚nur' unangenehmen Mundgeruch verursachen.

Eine hinreichende Zahnhygiene mit Zähneputzen und Verwendung von Zahnseide kann hier wahre Wunder wirken.

Mangelnde Zahnhygiene kann auch zu ernsthaften Erkrankungen führen. So wird das Immunsystem durch Zahnfleischentzündungen geschwächt; hierdurch und durch z.B. nichtbehandelte Zähne können Karies- und andere Bakterien in den Körper gelangen und Entzündungsprozesse auslösen, die das Risiko für Rheuma, Herz- und Lungenerkrankungen drastisch erhöhen.

Mittel der Wahl oder zumindest ein Guter Vorsatz wären also, zukünftig auf ausreichende Zahnpflege zu achten durch regelmäßiges Zähneputzen, die Verwendung von Zahnseide und regelmäßige Besuche beim Zahnarzt - und sei es nur zum Nachschauen.

Und sollte es trotz Zähneputzen usw. einmal nicht beim Nachschauen bleiben, dann ist ein kleines Löchlein, das der Zahnarzt nachbohren muss um einiges weniger unangenehm als z.B. eine Wurzelbehandlung oder Zahnersatz, was dann nicht nur wehtut, sondern auch noch richtig Geld kostet.

28. Erledigen Sie Dinge sofort

Ob sie's nun Aufschieberitis oder Prokrastination nennen; tun Sie das, was getan werden muss, was anliegt. Tun Sie's einfach; und zwar sofort.

Alles, was Sie jetzt nicht tun, das wird sehr bald, in den nächsten Tagen zu einem Berg anwachsen, der Sie blockiert und für unnötigen Stress sorgt.

All die täglichen Kleinigkeiten wie ein kurzer Anruf, einen Termin vereinbaren, eine Überweisung, einen Brief zur Post bringen oder vielleicht drei Teller abwaschen und den Müll runterbringen. Eigentlich ist so vieles schnell erledigt, aber wir schieben es immer wieder vor uns her, statt Dinge sofort zu tun und so aus der Welt zu schaffen.

Erledigt heißt auch: „Aus den Augen, aus dem Sinn." – Und Sie haben Kopf und Hände frei für andere, nicht weniger wichtige Dinge, die ebenfalls getan werden wollen.

29. Halten Sie Ordnung

Räumen Sie auf - gleich, sofort! – und lassen Sie nichts herumliegen; Klamotten räumen Sie in den Schrank oder den Wäscheeimer, Dokumente in den betreffenden Ordner, Bücher ins Regal, sauberes Geschirr ins Küchenbuffet.

In einer aufgeräumten Wohnung lebt sich's besser, Sie müssen sich vor Besuchern nicht mehr rechtfertigen und können nachts auch besser schlafen, wenn alles aufgeräumt und erledigt ist

30. Und was ist mit Sauberkeit?

Und wenn dann alles an seinem Platz ist, holen Sie gleich noch den Staubsauger raus, saugen die Bude durch, wischen vorher noch schnell den allergröbsten Staub von den Möbeln und bringen die Hütte mal so richtig auf Vordermann – regelmäßig!

In einer aufgeräumten und sauberen Umgebung können wir uns erst so richtig sicher und wohlfühlen. Und die regelmäßige Reinigung und Beseitigung von Staub und Schmutz hilft außerdem vorbeugen gegen Allergien und die Vermehrung von eventuell krankmachenden Bakterien zu verhindern.

Zudem schützen Aufgeräumtheit und Sauberkeit z.B. von Fußböden vor Haushaltsunfällen.

31. Und dann: Machen Sie alles anders!

Bringen Sie neuen Schwung in Ihre Wohnung, neue Tapeten, neue Farben an die Wände, vielleicht hier und da einen neuen Fußboden und neue, saisonal und farblich passende Deko.

Renovieren Sie endlich das alte Bad mit modernen, neuen Fliesen, neuen Armaturen und kaufen Sie neue Möbel, nicht nur fürs Badezimmer.

Schaffen Sie sich ein neues, angenehmes Ambiente und Wohngefühl in Ihren vier Wänden und damit den passenden Rahmen für ein völlig neues Leben, wenn Sie all die Guten Vorsätze aus diesem Buch umsetzen.

32. Treffen Sie Entscheidungen

Auch wenn Sie hinterher damit hadern, die falsche Entscheidung getroffen zu haben, entscheiden Sie sich … immer wieder neu.

Wir kommen nicht drumherum, uns zu entscheiden, sei es die mittlere oder die linke Autobahnspur, die Supermarktkasse, wo wir am schnellsten fertig sind (was natürlich nie funktioniert), für den einen oder anderen Fernsehsender oder Kinofilm.

Wir haben zu entscheiden für oder gegen Job, Hobby, Partner*in, Freunde, Geld anlegen oder ausgeben, Auto, Urlaub, vieles mehr. Und jede Entscheidung hat ihr Wenn und ihr Aber.

Entscheiden kann und muß man trainieren, ebenso das Abwägen des Für und Wider. Also lassen Sie sich bloß nicht entmutigen und treffen Sie – überlegt und begründet – Ihre Entscheidungen.

33. Lassen Sie andere entscheiden

Schenken Sie anderen Menschen um Sie herum Ihr Vertrauen, lassen Sie die Anderen Entscheidungen treffen, und dann schauen Sie, was passiert.

Geben Sie hin und wieder Verantwortung und Kontrolle an andere Personen ab und sparen sich selber den Stress, entscheiden zu müssen; ganz egal, ob es um die Farbe fürs neue Auto oder die Wahl des Restaurants am Abend geht, um was auch immer.

Vieles wird gut, manches auch besser oder vielleicht sogar ganz anders als erwartet.

34. Mehr Zeit für die Freunde

Pflegen Sie Ihre Freundschaften und widmen Sie den guten Freunden wöchentlich ein wenig Zeit.

Nicht selten halten die frühesten Freundschaften aus der Schulzeit bis ins Erwachsenenalter. Aber auch in späteren Jahren kommt es immer wieder vor, daß wir Menschen begegnen, mit denen wir Interessen teilen, stundenlang quatschen und reden oder einfach nur „gut miteinander können". Daraus erwachsen dann Beziehungen und Freundschaften, die Jahre oder gar ein ganzes Leben überdauern.

Doch sind diese unsere Freundschaften wie so vieles im Leben zarte Pflänzchen, die gepflegt sein wollen.

Unter Freund*innen kann frau/man einfach mal herzlich lachen, sich gegenseitig die Meinung sagen, einfach nur Smalltalk halten oder auch Ansichten austauschen und zu neuen Einsichten kommen, wenn im Gespräch verschiedene Standpunkte zur Sprache kommen.

Dazu braucht es dann einfach nur ein wenig Zeit, die Sie sich für die Freunde freihalten müssen.

Greifen Sie mal wieder zum Hörer, rufen Freunde an und verabreden einen Termin zum Klönen, Kaffeetrinken, zum gemeinsamen Essen oder auf ein Bier.

Freunde sind eventuell Ersatz für die weit entfernte Familie, lassen uns die Welt und das Leben aus einer anderen Perspektive sehen und geben uns Halt.

Es braucht einfach nur ein wenig Zeit, ein bißchen guten Willen … und ein Telefon.

35. Den Freundeskreis erweitern

Na, könnten Sie mal wieder ein wenig frischen Wind gebrauchen, ein wenig Abwechslung? Wäre es mal wieder an der Zeit, neue Leute kennenzulernen, mit denen Sie über andere Themen sprechen oder neue Dinge kennenlernen können.

Behalten Sie Ihre alten Freundschaften getrost bei, aber gehen Sie raus, werden Sie aktiv und gönnen Sie sich und Ihrem Leben ein wenig Abwechslung.

Freunde kann man nie genug haben. Und vielleicht passen alte und neue Freunde ganz gut zusammen, möglicherweise kennen die sich sogar schon, und nur Sie selbst haben noch gefehlt. 😄

Gehen Sie einfach mal los.

36. Kontakte wieder aufnehmen

Haben Sie noch Kontakt zu Ihren Klassenkameraden, Schul- oder Jugendfreunden, vielleicht noch aus der Berufs- oder Hochschule, zu alten Arbeitskollegen oder Sportsfreunden, oder zu alten Nachbarn, die sie nach deren oder dem eigenen, vorletzten Umzug aus den Augen verloren hatten?

Wenn es sich ergibt, nehmen Sie Kontakte wieder auf und wenn Sie die Adresse haben, dann rufen Sie an, schreiben eine nette Nachricht oder fahren vorbei. Und wenn Sie alte Bekannte auf der Straße sehen, sprechen Sie sie an - vorausgesetzt natürlich, es passt.

Seien Sie gespannt, was passiert.

37. Verwandte besuchen

Wann haben Sie eigentlich Ihre Eltern, Großeltern oder Geschwister zum letzten Mal gesehen? Wann haben Sie Patentante oder -onkel, regional auch Gote oder Petter, zum letzten Mal besucht? Kann es sein, daß hier mal wieder ein Besuch ansteht?

Früher traf man sich bei Geburtstagsfeiern oder bei Familienfesten. Später nur noch bei Beerdigungen.

Vereinbaren und planen Sie – vielleicht mit anderen - einen Termin für ein Verwandtschaft-, Familien- oder Cousinentreffen. Oder Sie erschienen zum Geburtstag, ob völlig überraschend oder mit Anmeldung, um den Verwandten, die Sie ganz besonders mögen, die Ehre zu geben bzw. einfach nur zu gratulieren.

38. Und wo bleibt Ihre Partnerschaft?

Reservieren Sie sich unbedingt Zeit zu zweit, und das nicht nur vor dem Fernseher, wo Sie abwechselnd die Hoheit über die Fernbedienung ausüben..

Trotz Karrierestreben, Beruf und Erfolg, trotz aller Fürsorge für Kinder und Familie, dem Nebenjob und Ehrenamt ist da noch die eine Person, mit der Sie den Bund fürs Leben geschlossen haben „bis das der Tod uns scheidet" oder auf Ihre eigene Art und Weise.

Nehmen Sie sich eine Paarzeit „allein mit Schatzi" beim Spaziergang, dem gemeinsamen Sport oder dem Einkauf, dem Kurzurlaub oder einem guten Essen.

Ungestört und ohne Handy!

39. Mehr Zeit für die Familie

Wie oft hatten Sie schon beschlossen, ihrer Familie mehr Zeit zu widmen, wie oft haben Sie's schon versprochen, wie oft war dann doch nichts mit der Familienidylle? Wer waren noch gleich die Personen, mit denen wir unser Leben verbringen, mit denen wir so glücklich sein wollten, wer die Menschen, deren Wohlergehen uns so sehr am Herzen liegt?

Vielleicht bestimmen Sie gemeinsam mit den Ihren einen Familientag, den die Familie gemeinsam verbringt, ganz ohne Störungen von außen, ohne Arbeit, ohne Stress, ohne Termine … und ohne Handy.

40. Mehr Zeit für gemeinsames Essen

In unserer modernen Welt ist das altbekannte Ritual des gemeinsamen Essens aus der Mode gekommen durch unterschiedlichste Arbeitszeiten, Lebensgewohnheiten und die ständige Vefügbarkeit unserer Ernährung. In früherer, lang vergangener Zeit wurde gemeinsam gegessen, wenn das Essen in der Küche zubereitet war, und die ganze Familie saß gemeinsam zu Tisch. In einzelnen Familien und sogar in kleineren Betrieben wird diese Tradition auch heute noch gepflegt, daß man gemeinsam zu Tisch sitzt, isst und trinkt, und bespricht, was besprochen werden muss.

Vielleicht ist die gemeinsame Mahlzeit mit der Familie, ob morgens, mittags oder abends, auch einen Guten Vorsatz wert?

41. Geduld und Verständnis

Wenn Sie in Zukunft mehr Zeit verbringen mit der Familie, mit Verwandten und Bekannten, üben Sie sich in Geduld und haben Sie Verständnis, wenn's mal nicht gleich so läuft, wie gewünscht, wenn's hier und da mal klemmt, wenn ein Kind mal über die Stränge schlägt, ein Glas zu Bruch geht oder die/wir Erwachsenen unsere Macken und Schrullen haben.

Wenn wir uns nach langer Zeit und Vorbereitung zu Besuch oder sonst wiedersehen, wenn endlich, nach langer Zeit ein Familientag oder gar Urlaub ansteht, sind die Erwartungen recht hoch.

Und genau dann passiert es; die gute Vase mit den schönen Blumen fällt um und der Inhalt ergießt sich über den Tisch. Oder es geschieht vielleicht ein ganz anderes Malheur.

Ich weiß nicht, warum Eltern gerade jetzt unaufmerksam waren und ihr Kind diesen einen Moment ausgenutzt und dies oder das angestellt hat, warum die Person vor mir einen Schritt zurück macht und auf meinem Fuß steht oder warum andere ‚vergessen', mich respektvoll zu begrüßen, oder, oder, oder.

Ich weiß nicht, was Andere erlebt haben oder jeden Tag erleben; warum sie so sind, wie sie sind.

Aber ich kann es mir zu eigen machen, statt aus der Haut zu fahren oder schlechte Laune zu verbreiten, zur Lösung eines Problems beizutragen, für gute Stimmung zu sorgen, Geduld üben, Nachsicht und Verständnis zu zeigen, … Nerven schonen. –

Auch so'n Guter Vorsatz …

42. Präsent sein, nicht nur anwesend

„Hörst Du mir überhaupt zu?" - „Aber ja doch."
Ach, wirklich?! - Waren sie gerade irgendwo, ganz woanders, nur nicht bei Ihrem Gesprächspartner?
Präsent im Hier und Jetzt sein heißt, mit allen Sinnen anwesend, mit der ganzen Aufmerksamkeit und dem vollen Bewusstsein wirklich hier in diesem Augenblick da sein statt nur physisch anwesend dabei aber gleichzeitig emotional in Gedanken spazieren gehen.
Machen Sie auch Multitasking und glauben, so viel gleichzeitig erledigen zu können? Müssen Familie und Freunde mit dem Handy konkurrieren, weil Sie ja ach so dringend noch etwas im Netz suchen, bearbeiten und abspeichern müssen? Oder müssen Sie im neuesten Spiel Ihr Level halten und können jetzt unmöglich aufhören?
Stattdessen gönnen Sie Ihren Lieben Ihre ungeteilte Aufmerksamkeit. Sie werden's Ihnen danken.
Übrigens: Die meisten Unfälle, im Haus, am Arbeitsplatz, im Verkehr, passieren, weil irgendwer „nicht so richtig bei der Sache war".

43. Schalten Sie Ihre Smartphone aus

Wie haben wir nur früher gelebt, ohne Smartphone?
Testen Sie hin und wieder, ob Sie es ohne schaffen und schalten Sie das Handy ab, widmen Sie sich lebenden, echten Menschen, mit denen Sie von Angesicht zu Angesicht kommunizieren können.

44. Schalten Sie Bildschirme ab

Schalten Sie, wann immer möglich, Bildschirme ab, die Sie mit bunten Bildern, mit Informationen und allerlei Dingen bombardieren, die für das eigene Leben herzlich wenig Bedeutung haben werden.

Widmen Sie sich der Familie, pflegen Hobby, Haus und Garten, die gute Nachbarschaft, treiben Sie Sport.

Die Arbeit lassen Sie im (Heim-)Büro, nehmen Sie sie besser nicht mit nach Hause bzw. in Ihre Privaträume.

45. Schalten Sie die sozialen Netzwerke ab

Blogger und Influencer werden nicht Ihren Rasen mähen, nicht Ihre Wohnung putzen und auch nicht Ihr Leben führen. Das müssen Sie schon selbst. Und Sie müssen auch nicht (!) jede Nachricht, jeden Post beantworten oder kommentieren.

Das Leben findet immer noch in realiter statt, in der Wirklichkeit. Darum schalten Sie ruhig mal ab.

46. Schalten Sie den Fernseher aus

Bad news is good news. - Fernsehen will Aufmerksamkeit ,und Werbung braucht Zuschauer.

Sparen Sie sich das Nachrichtengetöse, das ständig nach Ihrer Aufmerksamkeit giert mit Informationen über Katastrophen, die gerade geschehen, wer wann wo mit wem und wohin auch immer gekommen ist.

Schalten Sie die Flimmerkiste aus und leben Sie.

47. Sparsamkeit

Das der folgende Spruch uralt ist, ändert nichts an seiner Wahrheit, daß nämlich immer wieder am Ende des Geldes so viel Monat übrig ist.

Vielleicht sollten Sie zukünftig Ihre Geldstrategie ein klein wenig verbessern. Sparsamkeit könnte das neue Losungswort heißen.

Prüfen Sie, was Sie zum Leben unbedingt brauchen für Miete, Haushalt, Mobilität[1] und außerdem, was Sie gerne haben möchten, und dann schauen Sie, was Sie sich leisten können.

Wo wir gerade bei Guten Vorsätzen sind: Verschaffen Sie sich einen Überblick über Ihre Einkünfte und was von Ihrem Konto im Laufe des Monats so abgeht. Planen Sie Ihre Ausgaben, fangen Sie an zu sparen.

48. Verschaffen Sie sich einen Überblick

Schauen Sie auf Ihren Kontoauszug und listen Sie auf, was wann abgebucht oder abgehoben wird, und wofür Sie das Geld verwenden.

Führen Sie z.B. ein Haushaltsbuch. Nehmen Sie ein Blatt Papier, machen ein Tabelle und listen auf der einen Seite die Einnahmen, auf der anderen Seite die Ausgaben auf. Oder Sie besorgen sich dafür eine App oder ein Programm.

Verschaffen Sie sich einen Überblick und schauen, wo Luft ist, oder wo Sie sparen können … oder müssen.

---

[1] Die Liste ist bei weitem nicht vollständig. Später mehr.

49. Planen und reduzieren Sie Ihre Ausgaben

Teilen Sie Ihre Ausgaben in fixe/feste und variable, d.h. in der Höhe veränderliche Kosten ein. Fixe Kosten sind z.b. Miete, Strom, Versicherungen, Kreditraten, Handy- oder andere Gebühren; und variable Kosten sind z.b. Lebensmittel, Kino, Kleidung, Haushalt, Freizeit, Tanken u.a.. Spontankäufe, Essengehen und andere Annehmlichkeiten kommen dann noch dazu.

Reduzieren Sie Ihre Spontanausgaben: Wenn Sie jeden Arbeitstag beim Bäcker einen Kaffee, eine Limonade, ein Brötchen oder andere Leckereien kaufen, kommen bei 20 Arbeitstagen schnell €100,- zusammen, die in der Haushaltskasse fehlen.

Guter Vorsatz könnte sein, Haushaltsbuch zu führen, einen Überblick und einen Finanzplan zu schaffen und zu prüfen, wo man Kosten verringern kann, durch z.B. günstigere Verträge, Achten auf Angebote und günstiger Einkaufen und vieles andere mehr.

50. Legen Sie sich ein finanzielles Polster an

Für besondere Ausgaben legen Sie Geld beiseite. Sparen Sie auf ein gesondertes Konto für den großen Urlaub, für neue Anschaffungen, für die Renovierung von Haus oder Wohnung oder anderes mehr.

Oder legen Sie für Unvorhersehbares 2 bis 3 Monatsgehälter auf ein Festgeldkonto, so dass sie im Notfall einen gewissen Betrag für besondere Ausgaben, für dringende Reparaturen, etc. zur Verfügung haben.

51. Führen Sie Ihr Konto im Guthaben

Auch wenn der Zinssatz für Dispokredite noch so sehr lockt, der günstigste Dispo ist der, den Sie nicht in Anspruch nehmen müssen.

Vermeiden Sie unbedingt jede Kontoüberziehung und führen Sie Ihr Konto im Guthabenbereich. Geben Sie nur Geld aus, das Sie auch wirklich haben.

Wenn Sie ein Haushaltsbuch bzw. einen Finanzplan aufgestellt haben, kennen Sie ja Ihren Spielraum für Spontan- oder Impulskäufe. Halten Sie diesen Rahmen auch ein, Sie müssen Ihn ja nicht unbedingt ausnützen und können sich dann etwas Geld zusätzlich sparen.

Bei spontanen Ideen und Kaufwünschen geben Sie sich einen oder (bei größeren Anschaffungen) mehrere Tage Bedenkzeit und überlegen danach neu, ob der spontane Kaufwunsch immer noch unumgänglich ist. Und dann schauen Sie, ob auf Ihrem Girokonto noch genügend Kohle verfügbar ist.

52. Vermeiden Sie Konsumkredite

Wenn Sie etwas kaufen, dann kaufen Sie, wenn Sie es sich leisten können, notfalls kaufen Sie gebraucht.

Oder Sie finanzieren Ihren Kaufwunsch durch das finanzielle Polster (s.o.), das sie bereits angelegt haben.

Bevor Sie Konsumkredite in Anspruch nehmen oder Ratenzahlung vereinbaren, prüfen Sie, welche Zinsen Sie zu zahlen haben.

53. Bauen Sie Schulden ab

Wenn Sie noch bestehende Verbindlichkeiten und Alt-
kredite oder bestehende Finanzierungen per Ratenzahlung zu bedienen haben, dann ist der Vorsatz für
die kommende Zeit, als erstes diese Verbindlichkeiten abzutragen.

Schauen Sie in Ihrem Haushaltsbuch und Finanzplan,
wo Luft ist und verwenden Sie das Geld, um Schuld
und Zins schnellstmöglich bzw. in überschaubarem
Zeitraum abzutragen.

54. Sparen Sie

Sie haben sich einen Überblick verschafft über Ihre
finanziellen Verhältnisse, kennen Ihre Einnahmen
und Ausgaben, Sie führen ein Haushaltsbuch, haben
einen Finanzplan aufgestellt und stellen fest, daß bei
all Ihren Einnahmen und nach Abzug aller Ausgaben
noch ein wenig Luft ist.

Sie wissen auch bereits, wieviel Geld zum o.g. Abbau
Ihrer Verbindlichkeiten nötig ist und stellen fest, daß
Sie immer noch ein wenig Spielraum haben.

Dann nehmen Sie den Betrag, den Sie übrig haben und
investieren dieses Geld monatlich in den Vermögens-
aufbau, in Ihre Altersvorsorge, oder Sie sparen für die
Verwirklichung eines Lebenstraumes, z.B. das Cabrio,
die Weltreise, das neue Klavier.

Setzen Sie sich ein Ziel, dann fällt das Sparen leichter
(Das gilt auch für andere Lebensbereiche).

55. Etwas zurückgeben und Gutes tun

Wie wäre es mit dem Guten Vorsatz, ehrenamtlich tätig zu werden oder sich freiwillig zu engagieren, anderen Menschen zu helfen, zu unterstützen, sich einzubringen für die eine oder andere gute Sache?

Voraussetzung ist natürlich, dass Sie in Ihrem Alltag und Leben Kapazitäten frei machen können.

„Ehrenamtlich tätige Einzelpersonen" können niederschwellige Entlastungs- und Betreuungsangebote z.B. Unterstützung im Haushalt, Einkäufe oder Betreuungsleistungen z.B. Beaufsichtigung oder Betreuung zur Entlastung pflegender Angehöriger übernehmen:

Sich ehrenamtlich zu engagieren bedeutet auch, freiwillig und ohne Vergütung für eine Organisation tätig zu sein, wie z.B. in der Seniorenbegleitung, im Pflegeheim oder Hospiz, in der Kirchengemeinde, bei der Tafel, der freiwilligen Feuerwehr, dem Roten Kreuz, im Tierheim, als Übungsleiter oder Trainer im Sportverein, als Wahlhelfer in der Politik oder oder oder.

56. Spenden Sie?

Wenn Sie etwas Geld übrig haben, fragen Sie beim Deutschen Zentralinstitut für soziale Fragen nach wohltätigen Organisationen, denen Sie ihre Geldspende zukommen lassen können.

Unterstützen Sie z.B. an Ihrem Wohnort die Tafel, das Tierheim oder andere Hilfsorganisationen mit Sachspenden.

Durchforsten Sie mal wieder Ihren Kleiderschrank und geben Sie unbeschädigte, saubere Kleidungsstücke, die sie nicht mehr tragen möchten und nicht mehr brauchen, an den entsprechenden Stellen als Kleiderspende ab.

Oder spenden Sie Blut, das im Krankenhaus dringend benötigt wird für viele Behandlungen, wie z.B. für Operationen und Transplantationen, die Behandlung von Unfallopfern, für die Therapie von Tumoren und Herzerkrankungen.

Haben Sie ein Leib-und-Magen-Thema, das sie gerne voranbringen und unterstützen möchten? Möchten Sie vielleicht mehrere Organisationen oder Vereine unterstützen? Eventuell sogar per Dauerauftrag?

Auch kleinste Beträge können helfen. - Vergessen Sie aber bitte nicht, bei Geldspenden nach der Spendenquittung zu fragen.

Spenden Sie Ihre Zeit, indem Sie Menschen helfen, die in verschiedensten Lebenslagen Hilfe und Unterstützung brauchen, und sei es die Reparatur von Haushaltsgeräten, die Inbetriebnahme und Bedienung von moderner (Unterhaltungs-) Elektronik, die für höhere Semester mitunter ein Problem darstellen.

Oder ist es nur ein Botengang oder ein Wocheneinkauf, wo Ihre Unterstützung gefragt ist.

Engagieren Sie sich für bzw. in Organisationen, die anderen Menschen helfen, z.B. bei der Tafel, beim Technischen Hilfswerk, bei der freiwilligen Feuerwehr, beim Roten Kreuz, und helfen Sie Menschen in Notsituationen, im Katastrophenschutz, bei Versorgungsengpässen.

57. Nehmen Sie sich vor, öfter zu lächeln

Lächeln ist nicht nur Zeichen guter Laune, es macht auch gute Laune - und das nicht nur beim Betrachter. Das Lächeln glücklich macht, ist sogar wissenschaftlich belegt. Sie können mindestens einer Person mit einem Lächeln den Tag versüßen, und diese Person sind Sie selbst. Lächeln Sie also einfach mal so drauflos, Ihr Gehirn macht dann schon den Rest. Vielleicht finden sich dann noch andere Personen, denen Ihr Lächeln auch gefällt. - Probieren Sie es einfach mal aus.

58. Verteilen Sie Komplimente

Verteilen Sie gerne Komplimente, ehrlich, freundlich und ernstgemeint. Damit machen Sie Ihrem Gegenüber ein großes Geschenk. Komplimente stärken das Selbstwertgefühl (für beide Seiten), machen glücklich und auch ein wenig größer. Darüber hinaus kann ein nettes Kompliment sehr lange nachwirken.

59. Die kleine Dinge im Leben

Achten Sie mal ein wenig auf die kleinen Dinge – ein kurzes Lächeln, eine Münze für den Menschen am Straßenrand, jemand den Vortritt lassen, die Tür aufhalten, eine freundliche Geste, ein freundlicher Gruß, ein Zuvorkommen, eine Hilfestellung, eine kleine Aufmerksamkeit – *ganz spontan* – können den Tag für beide Seiten zu etwas Besonderem machen.

60. Etwas für die Umwelt tun

Nehmen wir also auch Umwelt und das Bewusstsein für dieselbe in den Reigen unserer Guten Vorsätze auf. Wir wollen etwas tun, damit unser CO_2-Abdruck, die Folgen unseres Lebens für die Umwelt gering-bleiben. Daher werden wir (möglicherweise):

- Weniger Autofahren,
- Welche Autofahrten sind notwendig?
- Keine lange Fahrten zum Einkaufen?
- Mehr öffentliche Verkehrsmittel nutzen,
- Mehr Fahrrad fahren,
- Weniger Energie verbrauchen (Aber welche Energie nehmen wir dann, und woher?),
- Mehr Ökostrom verwenden,
- Weniger Plastikmüll verursachen (Das heißt aber auch: Weniger Plastik einkaufen!),
- Weniger Müll verursachen (Wie das?),
- Weniger Fertigprodukte, Fertigpizza kaufen, stattdessen frisch einkaufen, selbst kochen,
- Waren generell unverpackt einkaufen,
- Kleidung, Haushaltsgeräte und anderes nicht wegwerfen, sondern reparieren,
- Dinge nicht wegwerfen, sondern aufwerten und wiederverwenden (Re- und Upcycling),
- Um keine Massentierhaltung mehr zu fördern, beim Fleischer oder Direktvermarkter kaufen,
- Konsequenterweise im eigenen Garten Obst und Gemüse selbst anbauen,
- Und vieles mehr für die Umwelt tun.

61. Kaufen Sie regional ein

Kaufen Sie bei lokalen oder regionalen Anbietern, beim Direktvermarkter, im Tante-Emma-Laden oder im Hofladen, beim Dorfmetzger, beim Bäcker.

Sie stärken mit Ihren Einkäufen den-örtlichen Einzelhandel, sichern Arbeitsplätze, machen dadurch den Ort wieder attraktiv und tun etwas für die Umwelt, weil Sie lange Wege und Autofahrten vermeiden. Und man lernt sich im Ort wieder kennen.

62. Kaufen Sie auf dem Markt ein

Dort gibt's Obst- und Gemüsestände, Milch und Käse, Fleischereien, Fischhändler, Blumenverkäufer, Bäcker, Antipasti und manche Bude mit Spezialitäten. Alles bio, alles regional. - Gehen Sie einfach mal hin.

63. Kaufen Sie beim Erzeuger

Kaufen Sie, wie zuvor schon erwähnt, regional oder lokal, direkt ab Hof, beim heimischen Anbieter.

Auch wenn nicht nur die Frühstückseier ein paar Cent mehr kosten, die Milch nicht ultrahocherhitzt ist; die Möhren und anderes Gemüse krumm und schief gewachsen sind (das ist übrigens normal), Sie wissen, woher Fleisch, Gemüse und Obst kommen, können artgerechte Tierhaltung und Anbaumethoden begutachten. Außerdem helfen kurze Wege Energie sparen.

64. Fairtrade fördern

Als Fairtrade-Produkte werden aktuell gehandelt (in alphabetischer Reihenfolge) z.B.: Bananen, Baumwolle, Blumen, Gewürz, Gold, Honig, Kaffee, Kakao, Kosmetik, Kräuter, Nüsse, Orangensaft, Öl, Quinoa, Reis, Rohrzucker, Schokolade, Sportbälle, Tee, Wein und Textilien.

Der im Jahre 1992 gegründete Trägerverein Fairtrade Deutschland e.V. und seine Mitglieder wie kirchliche Hilfsorganisationen sowie Organisationen aus den Bereichen Politik, Jugendbildung, Entwicklungshilfe haben sich zum Ziel gesetzt, Kleinbauern und Arbeiter durch gerechten Handel vom Welthandel profitieren zu lassen.

Die Produzenten, die überwiegend aus Entwicklungs- und Schwellenländern in Afrika, Asien und Latein-Amerika stammen, erhalten für Ihre Waren eine garantierte Vergütung, müssen dafür aber auch ökologische, ökonomische und soziale Standards erfüllen.

65. Kaufen Sie bio

Kaufen Sie Obst und Gemüse aus kontrolliert, biologischem Anbau, und tun Sie sich und der Umwelt etwas Gutes.

66. Reduzieren Sie Online-Einkäufe

Dieser Vorsatz ist keineswegs so rückwärtsgewandt, wie es scheint, schließlich vorenthalten Sie dem örtlichen Einzelhandel den Umsatz, den Sie online beim Shop Ihres Vertrauens machen. Wenn Sie aber vor Ort einkaufen, bleiben örtliche Geschäfte auch erhalten. Onlinehändler dagegen können auch so bestehen.

67. Werfen Sie keine Lebensmittel weg

Informieren Sie sich über die richtige Lagerung von Lebensmittel, damit diese nicht vorzeitig verderben.

Planen Sie Einkäufe so, daß Waren mit kurzer Haltbarkeit auch zügig verbraucht sind.

Heute, wo es Kühlgeräte in allen Größen gibt - mit verschiedensten Temperaturzonen, energieoptimiert - sollte die Haltbarkeit verderblicher Waren kein Thema mehr sein.

Lebensmittel, deren Mindesthaltbarkeitsdatum abgelaufen ist, sind noch lange nicht ungenießbar oder giftig. Lediglich eine mindeste Haltbarkeitsfrist ist abgelaufen. Diese Lebensmittel sind aber noch länger haltbar und auch genießbar. Darüber geben zur Not Farbe, Form, Geruch oder Geschmack Auskunft.

Eingefroren lassen sich Lebensmittel nahezu unbegrenzt aufbewahren. Informieren Sie sich über andere Methoden, wie Sie Lebensmittel haltbar machen und aufbewahren können.

Darum: Werfen Sie nicht weg, was man essen kann.

68. Treiben Sie Ihre Karriere voran

Fühlen Sie sich eigentlich noch gut im Job, an Ihrem Arbeitsplatz, in Ihrer Firma, so wie's gerade läuft?

Oder wäre mal wieder eine Verbesserung angebracht, steht Ihnen der Sinn nach Höherem? Dann engagieren Sie sich an ihrem Arbeitsplatz, erwerben Sie weitere Qualifikationen, bewerben sich für die nächsthöhere (Gehalts-) Stufe, bringen Sie Ihre Karriere voran.

Oder Sie halten Ausschau nach einer Stelle, die Ihren Kompetenzen und Neigungen eher entspricht, wo Sie bessere Perspektiven sehen, und Sie bewerben sich – bei Ihrem Arbeitgeber oder beim Wettbewerber, in der Fremde.

69. Bilden Sie sich weiter

Erwerben Sie zusätzliche, berufliche Qualifikationen, lernen Sie eine fremde Sprache oder ein Musikinstrument, melden Sie sich zu einem VHS- (Volkshochschul-) Kurs an oder zu einem Fernstudium, besuchen Sie Vorträge und Veranstaltungen und lernen Sie dabei völlig neue Dinge, neue Sichtweisen und Welten kennen.

Lesen Sie selbst auf Online-Portalen von Nachrichten- und Zeitungsredaktionen, was in Ihrer Umgebung, im Land und in der ganzen Welt passiert, versuchen Sie Zusammenhänge zu verstehen, und vertrauen Sie nicht nur der lokalen Presse und den Nachrichten des privaten oder öffentlich-rechtlichen Rundfunks..

70. Beginnen Sie eine Ausbildung

Ein Guter Vorsatz könnt auch sein, in der kommenden Zeit eine Ausbildung zu beginnen, z.B. weil Sie sich für ein Berufsfeld interessieren, in dem Sie für sich eine Zukunft sehen. Vielleicht haben Sie schon erste Erfahrungen gemacht während eines Praktikums oder Fachleuten über die Schulter schauen können.
Erkundigen Sie sich beim Arbeitsamt, bei Industrie- und Handelskammer oder Handwerks-kammer nach Adressen geeigneter Unternehmen oder bewerben Sie sich direkt, wenn Sie sich schon die eine oder andere passende Firma ausgesucht haben.

71. Bewerben Sie sich um einen Studienplatz

Wenn Sie eine Hochschulzugangsberechtigung - in aller Regel ein Abitur - haben, dann können Sie sich um einen Studienplatz für Ihr Wunschfach bewerben, vorausgesetzt es gibt keinen Numerus clausus.
Stellen Sie aber sicher, daß das Studium Ihren Vorstellungen entspricht und die Finanzierung Ihres Studiums gesichert ist.

72. Machen Sie sich selbständig

Ständig und für alles und selbst verantwortlich sein, dazu noch Personalverantwortung und Verpflichtungen, die keine Ende nehmen; überlegen Sie gut, wofür Ihr Herz wirklich schlägt.

73. Lassen Sie' mit dem Beruf mal gut sein

Wenn es irgendwie möglich ist, dann lassen Sie Beruf Beruf sein, reduzieren Sie Ihre Überstunden, lassen Sie die Arbeit am Arbeitsplatz und nehmen möglichst gar nichts Berufliches mit nach Hause.

Die Zeit nach Feierabend und am Wochenende gehört Ihnen und Ihrer Familie, und Sie werden sicher völlig überrascht feststellen, daß es auch ein Leben nach bzw.- jenseits der Arbeit gibt – und nicht erst, wenn Sie dereinst in Rente sind.

Lernen Sie viele schöne und neue Dinge kennen.

74. Pflegen Sie alte Hobbies.

Erinnern Sie sich noch, mit was sie sich früher hingebungsvoll und stundenlang beschäftigt haben, an die Hobbies, denen Sie immer wieder nachgegangen sind, ohne daß Ihnen die Zeit lang wurde, lange bevor der Alltag, Arbeit und Familie den früheren Zeitvertreib verdrängt haben?

Dann lassen Sie Ihre alten Hobbies wieder aufleben: das selber wieder flottgemachte Mofa, die alte Leidenschaft fürs Sammeln von was auch immer, das alte Handwerk, den Sportverein, das Musikinstrument, den Garten oder vieles andere mehr.

Widmen Sie Ihrem neuen, alten Hobby wieder mehr Zeit. Reservieren Sie für sich selbst verbindlich einen festen Termin und eine feste Zeitdauer, wo Sie sich Ihrem Hobby widmen. – Freunde und Familie müssen davon ja nicht ausgeschlossen sein.

75. Suchen Sie ein neues Hobby

Wenn Sie schon immer mal etwas tun wollten, dann warten Sie nicht mehr lange. Beginnen Sie ein ganz neues Hobby, etwas, das sie schon immer fasziniert hat, wozu aber noch nie Zeit war, und erweitern Ihren Horizont im aller-besten Sinne.
Ein neues Hobby, etwas, auf das Sie sich jeden Tag freuen, kann Ihr Leben ungemein bereichern. Warten Sie nicht, sondern fangen Sie an mit etwas Neuem, was Sie aber schon immer ausprobieren wollten, für was Sie sich schon so lange insgeheim begeistern.

76. Arbeiten Sie mit den Händen

Wann haben Sie zum letzten mal mit den Händen gesarbeitet? Nein, nicht den Abwasch gemacht oder die Bude geputzt. –Heimwerken Sie oder beginnen Sie mit Handarbeit, z.B. sticken, stricken oder häkeln. Oder Sie engagieren sich in einem Verein, der alte Technik, altes Kulturgut oder Handwerk bewahren will. Basteln, bauen, künstlern, malen oder schaffen Sie etwas, daß Sie vorzeigen und anfassen können.

77. Fangen Sie an zu gärtnern

Legen Sie sich einen Garten zu, den Sie bestellen und pflegen, züchten Sie Blumen oder Pflanzen, Obst und Gemüse; kurzum: Alles, was im Garten so wächst und was Sie in der Küche verwerten können..

78. Lernen Sie eine neue Sprache

Ein guter Vorsatz für die kommende Zeit könnte auch sein, eine neue Sprache zu lernen.

Durch mindeste Kenntnisse der Landessprache wird es Ihnen leichter fallen, sich im Ausland zurechtzufinden, Kontakt aufzunehmen, einzukaufen oder sich z.B. nach dem Weg zu erkundigen, und Sie lernen das betreffende Land und seine Kultur kennen.

Außerdem gewinnt Ihr Lebenslauf durch Kenntnisse von Fremdsprachen ungemein.

79. Nehmen Sie an einem Kochkurs teil

Zu Beginn des Buches ging's um gesunde Ernährung. Damit Sie sich demnächst, Ihren Guten Vorsätzen folgend, auch wirklich gesünder ernähren können, melden Sie sich für einen Kochkurs an, verfeinern Ihre Kochkünste und erweitern Ihre Kenntnisse über Rezepte und Zubereitungsarten.

80. Melden Sie sich zum Tanzkurs an

Nehmen Sie an einem Tanzkurs teil, am besten gemeinsam. Bewegung, besonders rhythmische Bewegung, ist gesund und heilsam für Körper und Geist. Obendrein sorgt Bewegung zur Musik für gute Laune. Koordinierte Bewegung schafft neue Synapsen im Hirn, Tanzen verbessert außerdem die Denkleistung und vermindert das Risiko, an Demenz zu erkranken.

81. Belegen Sie einen Malkurs

Werden Sie künstlerisch tätig und kreativ, lernen Sie die verschiedenen Maltechniken, Motive und Themen kennen und machen Sie Ihr Leben bunt (was es ja sicher ohnehin schon ist) mit Staffelei, Pinsel, Leinwänden und den verschiedensten Farben.

82. Lernen Sie ein Musikinstrument spielen

Wollten Sie schon immer mal Musik machen und ein Musikinstrument spielen lernen? Melden Sie sich bei einer Musikschule an oder schauen Sie nach privatem Unterricht. Dann besorgen sich ein Instrumten und probieren es einfach mal aus.
Mit Harmonika, Gitarre oder Akkordeon können Sie schon mal eine Familienfeier aufmischen und für Stimmung sorgen. Für den Anfang tut's vielleicht auch mal eine Blockflöte.

83. Lernen Sie neue Sportarten kennen

Lernen Sie völlig neue Sportarten kennen.
Gehen Sie zum Lacrosse oder Tennis, zum Turnen oder zum Golf. Gehen Sie zu Vereinen, die Ballsportarten betreiben oder versuchen Sie's mit Kampfsport, mit Schwimmen oder Boule spielen.
Und das Beste: Sie lernen nicht nur neue Sportarten, sondern auch neue Menschen kennen ... und völlig neue Muskelgruppen nebst dem zugehörigen Kater.

84. Machen Sie einen Tauchkurs

Melden Sie sich für einen Tauchkurs an und lernen Sie ein völlig fremdes Lebensumfeld kennen, das Leben unter Wasser. Sie können fremde Gewässer erkunden und sehen, was unter der Wasseroberfläche vor sich geht, die bunte Unterwasserwelt kennen lernen, und dabei fast schwerelos im Wasser schweben.

85. Das Gegenteil: ein Fallschirmsprung

Lassen Sie sich den Nervenkitzel schenken, oder Sie gönnen sich selber das Erlebnis, am Fallschirm zur Erde zurückzuschweben. Reicht das für einen Guten Vorsatz?

86. Ein Tandemflug mit einem Paraglider

Noch so ein Erlebnis: Trauen Sie sich, mit einem Paraglider in die Lüfte und scheuen sich, von Wind und Thermik getragen, die Heimat von oben an.

87. Lernen Sie das Fliegen kennen

Zugegeben, eine nicht ganz billige Angelegenheit; t buchen Sie erstmal eine Mitfluggelegenheit und schauen sich das Ganze mal an als Passagier im Segel- oder Motorflugzeug. Wenn das Fliegen etwas für Sie ist, können Sie immer noch eine Privatpilotenlizenz erwerben.

88. Lesen sie Bücher

Schalten Sie Rechner, Tablet und Fenseher ab und entspannen Sie, dann setzen Sie sich in die Lieblings-ecke, nehmen ein Buch zur Hand und tauchen ein in die Geschichte. Sie hatten das Buch ja schon lange auf dem Nachttisch liegen, aber immer wieder kam etwas dazwischen und hinterher waren sie zu müde zum Lesen.

Fangen Sie einfach an, nur wenige Minuten, und dann immer wieder ein paar Seiten mehr, bis Sie das Buch durch haben. Dann nehmen Sie sich das nächste aus Ihrer Hausbibliothek. Oder aus dem Regal.

Und wenn Sie lieber Fach- oder Sachbücher lesen, dann umso besser. Heutzutage ist doch lebenslanges Lernen wichtig wie nie. Tauchen Sie ein in Wissenschaften, Technik und fremde (Arbeits-)Welten und bilden sich so weiter. Erweitern Sie Ihren Horizont, lernen Sie die Welt und Ihre Zusammenhänge kennen.

89. Schreiben Sie

Beginnen Sie damit, Ihre Termine in ein Kalenderbuch zu schreiben, und machen Sie daraus ein Tagebuch. Das vorliegende Buch mit all den Guten Vorsätzen ist auf ganz ähnliche Weise entstanden.

Schreiben Sie Erlebnisse und Gedanken auf, schreiben Sie Briefe und Karten, besonders aus dem Urlaub, und, wenn Sie irgendwann genug Material gesammelt haben, machen Sie sich einen Namen als Autor*in.

90. Nehmen Sie sich Zeit für Kultur

Sie lesen zuhause. Sie schreiben zuhause. Gehen Sie auch mal wieder aus dem Haus, besuchen Sie Veranstaltungen, Ausstellungen, Konzerte. Nehmen Sie an Führungen teil und besuchen Sie Gedenkstätten.

Gönnen Sie sich den Besuch von Ausflugszielen und, wenn Sie in anderen Städten sind, verpassen Sie nicht deren Sehenswürdigkeiten.

Aber machen Sie sich keinen Stress.

91. Entdecken Sie die Musik

Entdecken Sie Musik immer wieder neu. Besuchen Sie Konzerte, z.B. klassische, für Chor, Klavier und/oder Orchester, Liederabende, Schlager- oder Tanzparties, Jazzsessions, ob in öffentlichen Hallen, Kirchen, Clubs oder Freilichtbühne. Nehmen Sie sich Zeit für Neues. Fremde Musik kann sehr bereichernd sein.

92. Reisen Sie und entdecken Sie die Welt

Reisen Sie, ob mit dem Auto, der Bahn oder dem Flugzeug, und schauen Sie sich die Welt an.

Lernen Sie fremde Länder und deren Kultur kennen, schauen Sie sich fremde Städte an, und nicht nur die nächstgelegenen.

Dort begegnen Sie fremden Dialekten und Sprachen. Lernen Sie Lebensräume und - gewohnheiten kennen und bekommen so einen anderen Blick auf die Welt.

93. Buchen Sie Ihren Traumurlaub

Ein weiterer Guter Vorsatz für's kommende Jahr: Buchen Sie Ihren Traumurlaub und gehen Sie es endlich mal an. Schauen Sie, was das Sparbuch sagt, was Ihre Finanzplanung so hergibt und machen Sie endlich Ihre Traumreise, von der Sie schon so lange träumen und schwärmen. Reisen Sie rund um den Globus, schauen Sie sich fremde Länder an und erleben Sie fremde Kulturen.

Die Eindrücke Ihrer Reisen werden Sie Ihr ganzes weiteres Leben lang begleiten und die Erinnerungen an die (gemeinsamen) Reiseerlebnisse werden Ihnen immer wieder ein Lächeln ins Gesicht zaubern.

94. Oder wandern Sie aus

Vielleicht versuche Sie es erstmal auf Zeit und suchen einen Arbeitsplatz z.B. in Handwerk oder Gastronomie im europäischen, vielleicht auch benachbarten Ausland,– dann sind Sprachbarrieren nicht so hoch.

In Urlaubsgebieten, ob Skigebiete oder Ziele im Mittelmeerraum, hier und da sind sicher Stellen frei, und es werden helfende Hände gebraucht. Selbst auf den Inseln in Nord- und Ostsee werden immer mal Arbeitsplätze angeboten, wo Sie sich in einer völlig neuen Umgebung ein neues Leben aufbauen können. Arbeiten Sie auf Windparks, im Offshorebereich oder reisen Sie als Digitaler Nomade um die Welt.

Das Problem aber dürfte der bezahlbare Wohnraum sein, den es zu finden gilt.

95. Üben Sie sich in Dankbarkeit

Ein Guter Vorsatz, der im Übrigen jedem Menschen gut zu Gesichte steht, ist, sich in Dankbarkeit üben.

> *Nicht die Glücklichen sind dankbar.*
> *Es sind die Dankbaren, die glücklich sind.*
> (Francis Bacon)

Wir haben ein Dach über dem Kopf, haben zu Essen und Trinken im Überfluss, wir sind gesund oder haben hier in Deutschland zumindest Zugang zu medizinischer-Versorgung, die weltweit keinen Vergleich zu scheuen braucht, wir leben hier in Frieden und Sicherheit, Medien versorgen uns im Überfluss mit Information und Unterhaltung, wir haben sauberes Wasser, immer auch elektrischen Strom, keiner muss erfrieren oder hungern, und um durchs bzw. aus dem Netz (Hartz4) zu fallen muss frau/man schon reichlich inkompatibel sein. Auch Arme oder die ‚Schwächsten der Gesellschaft' werden sehr kommod aufgefangen.

96. Nehmen Sie sich Zeit für sich selbst

Lassen Sie es still werden in Ihrer Umgebung, horchen Sie in sich hinein, ziehen Sie sich ganz zurück und befassen Sie sich ab und zu nur mit sich selbst.

Schalten Sie das ganze Gebimmel und Geblinke der Medien und Bildschirme rundherum ab und versuchen Sie, die Stille auch auszuhalten. Das wird eine Herausforderung sein, lässt sich aber lernen.

97. Erlauben Sie sich ein wenig Selbstliebe

Vielleicht müssen Sie es erst wieder lernen, sich selbst zu lieben, sich anzunehmen, wie Sie sind, mit Ihren Bedürfnissen und Gefühlen, mit all den Unvollkommenheiten, die mensch so hat.

Sie sind in Ordnung, so, wie Sie sind, und es muss Sie nicht kümmern, wie Andere urteilen, was Andere besser zu wissen glauben. - Sie sind nicht für anderer Leute Wohlsein verantwortlich, wohl aber für die Erfüllung eigener Bedürfnisse, für Ihr Wohlbefinden, für Ihre eigene Gesundheit und Ihr eigenes Leben.

Sollten Sie bemerken, dass Sie sich selbst anklagen, hinterfragen sie die dahinterstehende Denkmuster und Glaubenssätze, die Sie nach vielen Jahren sicher erst wiederentdecken, identifizieren und ausgraben müssen. Genaues Hinschauen lohnt sich.

98. Schrieben Sie an Ihr zukünftiges Ich

Machen Sie eine kleine Bestandsaufnahme , worin Sie Ihre Bedürfnisse und Ziele festhalten ebenso wie das, was Sie bisher geschafft haben, was Ihnen wichtig ist. Dann sortieren Sie Ihre Guten Vorsätze und schreiben an Ihr zukünftiges Ich.

99. Planen Sie , Gutes zu tun

Planen und beschließen Sie, sich und anderen Gutes zu tun, jeden Tag ein bißchen.

100. Genießen Sie, etwas alleine zu tun

Nehmen sie sich Zeit, etwas alleine zu unternehmen und genießen Sie es; z.B. ein Saunabesuch, ein Spaziergang, eine Stunde im Straßencafé oder manch anderes.

101.Kaufen Sie frische Blumen

… und machen Sie jemandem, einer Person aus Ihrem Umfeld, eine Freude, machen Sie sich dadurch auch selbst eine Freude.

102.Machen Sie jemandem eine Freude

Willst du glücklich sein im Leben, trage bei zu andrer Glück, denn die Freude , die wir geben, kehrt ins eigne Herz zurück.

103.Jeden ersten Sonntag im Monat benutzen Sie das gute Geschirr

Erklären Sie monatlich einen Sonntag zum Festtag und decken Sie den Tisch mit dem guten Geschirr und den guten Gläsern.

104.Danken Sie täglich für drei Dinge.

Zählen Sie jeden Tag drei Dinge auf, die gut waren, und für die Sie dankbar sein dürfen.

105. Was macht Sie glücklich

Schreiben Sie auf, sammeln sie Dinge, die Sie glücklich machen, und schrieben Sie auf, was Sie sich wünschen. Versehen Sie's mit Datum und legen es erstmal weg. Wenn Sie Ihre Aufzeichnungen später mal wieder lesen, können Sie manches über sich lernen.
Oder Sie führen ein Glückstagebuch und notieren darin alles, was Sie erfreut und glücklich gemacht hat. Später können Sie dann, wenn es klemmt oder nicht so gut läuft, nachlesen, daß es auch bessere Zeiten gab und auch wieder geben wird

106. Tun Sie, was Sie glücklich macht

Aus Ihren Glücksjournalen können Sie jederzeit entnehmen, was sie im Laufe der Jahre immer wieder erfreut und glücklich gemacht hat.
Tun Sie es einfach immer wieder, und werden Sie dabei auch immer wieder aufs Neue glücklich.

107. Stellen Sie sich Ihr zukünftiges Leben vor

Was glauben Sie, wie Ihr Leben in ein paar Jahren verlaufen wird? Wenn Ihnen das zusagt, dann belassen Sie's dabei. Oder Sie überlegen, was Sie vielleicht zu ändern haben, um in 10 Jahren immer noch gut leben zu können, ein gutes oder vielleicht bis dahin ein besseres Einkommen zu haben, gesund und zufrieden zu sein,

108.Gedanken, die runterziehen, verbannen

Nehmen Sie sich als Guten Vorsatz, so oft wie möglich, anfangs vielleicht an festen Wochentagen, Gedanken, die Sie herunterziehen, alte Denkmuster, die uns verurteilen und anklagen, zu verbannen.

Hinterfragen Sie diese Denkmuster und Glaubenssätze und versuchen Sie, diese hinter sich zu lassen.

Zur Not holen Sie sich dazu professionelle Hilfe.

109.Schauen Sie den Sonnenuntergang an

Schalten Sie alle Ablenkungen aus - auch das Handy! und schauen Sie den Sonnenuntergang an.

Und wenn Sie's am Abend nicht schaffen, stellen Sie sich den Wecker und schauen den Sonnenaufgang an - mit einer Tasse Kaffee, und Sie werden sehen, der Tag beginnt gleich ganz anders.

110.Machen Sie's gemütlich

Sorgen Sie für Behaglichkeit und zünden Sie öfter mal eine Kerze an, wenn Sie sich z.B. Zeit nehmen für eine Tasse Kaffee, allein oder in trauter Runde..

111.Begegnen Sie dem Stress

Wenn stressige Situationen auftauchen – meist ohne Ankündigung und ziemlich überraschend – halten Sie inne, atmen kurz durch und bewahren die Ruhe.

112. Ordnen Sie Ihre Vorhaben

Entrümpeln Sie Ihre Planungsliste; trauen Sie sich, Dinge, die sie bisher mit hoher Dringlichkeit auf der To-do-Liste führen, auf die Was-solls-Liste zu verschieben. Vielleicht nutzt das Ihrem Seelenfrieden.

113. Stellen Sie sich Ihren Ängsten

So wie wir vorhin Gedankenmuster und Glaubenssätze hinterfragt haben, so stellen Sie sich Ihren Ängsten. Peu à peu, in kleinen Schritten, dass Sie sich wohlfühlen, so hinterfragen Sie auch Ihre Ängste und beseitigen allmählich unnötige Grenzen und Zwänge aus Ihrem Leben.

114. Das kleine Zauberwort

Trauen Sie sich, hin und wieder mal Nein zu sagen.
Die wenigsten Menschen trauen sich, wenn andere bereits Entscheidungen getroffen und Handlungsanweisungen gegeben haben, Nein zu sagen. Meist sind wir dann völlig überrascht und unvorbereitet, wollen aber nicht unhöflich sein und finden uns hinterher eingespannt vor irgendeinen Karren oder für Vorhaben, die nicht unsere sind. Wenn es so ist, sagen Sie einfach nein! - Die Welt wird davon nicht untergehen. Sie bewahren sich Ihren Seelenfrieden und entscheiden selbst über Ihre Zeit und über das, was Sie tun und lassen.

115. Belohnen Sie sich

Immer, wenn Sie etwas Besonderes erledigt haben, eine Guten Vorsatz umgesetzt oder eine Aufgabe bearbeitet oder z.B. einen Impf- oder Vorsorgetermin bei Ihrem Arzt wahrgenommen haben, wenn Sie sich Ängsten oder Zwängen gestellt oder eine Stresssituation bewältigt haben oder eine wichtige Aufgabe gemeistert haben, dann belohnen Sie sich, gönnen Sie sich einen Kaffee, eine kleine – oder auch eine große – Belohnung. Das motiviert für den nächsten Punkt auf der Tagesordnung.

116. Trennen Sie sich von unnötigem Kram

Entsorgen Sie endlich, was Ihre Regale verstopft, Ihren Keller ausfüllt und letztlich auch in Ihrem Leben viel zu viel Platz blockiert. Auch wenn mit vielen Dingen Erinnerungen, Träume, Erwartungen und was noch alles verbunden sind, letztlich haben all die Sachen, die wir sowieso nicht mehr zur Hand nehmen, keine Funktion mehr in unserem Leben außer daß sie Platz wegnehmen in mehrfacher Hinsicht. Trennen Sie sich von diesen Dingen, befreien sich von diesem Ballast,

117. Gönnen Sie sich und Ihrem Auto was Gutes

Wenn Sie mit ihrem Auto in die Waschstraße fahren, wählen Sie Premiumpflege mit Unterbodenwäsche und Heißwachs für ein völlig neues Fahrgefühl.

118.Machen Sie es sich schön

Gibt es in Ihrer Wohnung, im Haus oder Garten etwas, womit Sie so gar nicht zufrieden sind, dann machen Sie es sich zum Vorsatz, daß bei nächster Gelegenheit zu ändern. Planen Sie aber nicht zulange und tun es einfach. Und hinterher belohnen Sie sich reichlich (siehe links).

119.Pflanzen Sie einen Baum

Ob es nun der Förderung der biologischen Diversität in Ihrer Nachbarschaft, der Verbesserung des Mikroklimas ebenda, der Verbesserung von CO_2-Bilanz oder der Verschönerung Ihres Gartens dienen soll, pflanzen Sie einen Baum + pflegen Sie diesen dann.

120.Schaffen Sie Erinnerungen

Lassen Sie von sich und Ihrer Familie immer wieder Fotos anfertigen, so dass sie über die Jahre die Entwicklungen aller Familienmitglieder nachverfolgen können und auch Erinnerungen haben, wenn plötzlich jemand fehlt. – *„Schau mal. Weißt du noch?"*

121.Probieren Sie einen neuen Look

Statt kleinem Bieranzug mit Jeans und Hemd, statt casual tragen Sie Businesslook, tragen die Haare offen, testen ein neues Makeup oder anderes. Alles auf neu.

122.Meditieren Sie

Meditieren bedeutet, daß Sie sich Ihrer selbst bewusst werden. Das können Sie eigentlich immer tun. Lassen Sie dabei alles Störende außen vor, schauen Sie nur auf sich selbst, achten Sie auf Ihren Atem und kommen zur Ruhe. Sie lernen Ihre Gedanken zu beobachten und zu lenken, können zukünftig - egal was kommt – gelassen und angemessen reagieren.

123. Schließen Sie mit dem Alten ab

Trennungen sind nie ganz einfach.

So viel haben wir (gemeinsam) erlebt, so viele Gemeinsamkeiten, so viele Erinnerungen, so viel verbindet, das alles kannste doch nicht in die Tonne kloppen?! – Werde ich auch nicht tun. - Aber wieso soll es nicht möglich sein, daß alle in versöhnter Verschiedenheit, wie es in der Ökumene so schön heißt, ohne Anderen gram zu sein, ihre Wege gehen,.

„Wer loslässt, hat die Hände frei."

Die Jungs und Mädels, mit denen wir früher um die Häuser gezogen sind, haben alle Ihre Wege gemacht, die Freunde sind geblieben. Aber die früheren Zeiten sind rum, sind vergangen, und die kommenden Zeiten (Da sind wir uns sicher alle einig) erfordern unsre ganze Aufmerksamkeit.

Blicken Sie ab und an in Dankbarkeit zurück, bleiben Sie ruhig in der Gegenwart. Was die Zukunft bringt, erfahren wir früh genug.

Herzlichen Dank, daß Sie bis zum Ende mitgegangen sind. Ihre eigenen Guten Vorsätze wählen Sie natürlich selbst aus aus der langen Liste meiner vielen Vorschläge, ganz nach Ihren eigenen Bedürfnissen und Vorlieben.

Für die Umsetzung Ihrer Guten Vorsätze das allerbeste Gelingen. –

... und Liebe Grüße

PS: Und entschuldigen Sie bitte, wenn ich
zuweilen etwas pastoral daherpredige.
Das ist sonst überhaupt nicht meine Art.

Inhalt - alphabetisch